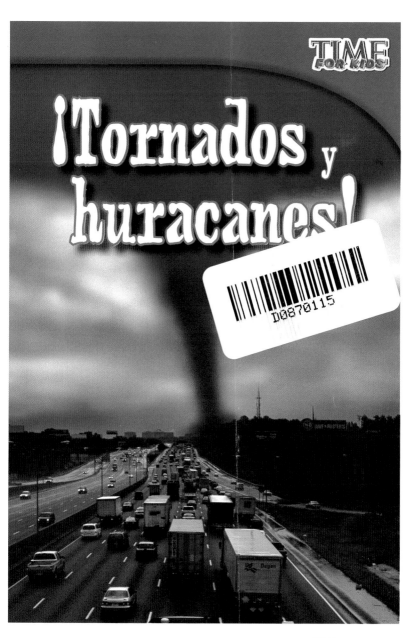

¡Tornados y huracanes!

TIME FOR KIDS

Cy Armour

PROPERTY OF
WATERFORD ELEMENTARY-GCS

Asesor

Timothy Rasinski, Ph.D.
Kent State University

Créditos

Dona Herweck Rice, *Gerente de redacción*

Robin Erickson, *Directora de diseño y producción*

Lee Aucoin, *Directora creativa*

Conni Medina, M.A.Ed., *Directora editorial*

Ericka Paz, *Editora asistente*

Stephanie Reid, *Editora de fotos*

Rachelle Cracchiolo, M.S.Ed., *Editora comercial*

Créditos de las imágenes

Cover & p.1 Plus Pix/Photolibrary.com; p.3 Anastasios Kandris/Shutterstock; p.4 Enrico Fianchini/
iStockphoto; p.5 top: Mike Theiss/Jim Reed Photography/Photo Researchers, Inc.; p.5 bottom: Westend61/
Photolibrary; p.6 James Thew/Shutterstock; p.7 MCT/Newscom; p.8 top: Christian Delbert/Dreamstime;
p.8 bottom: Denis Larkin/Shutterstock; p.9 top: SeanMartin/iStockphoto; p.9 bottom: Illustration
by Joe Lertola/www.joelertola.com; p.10 Pete Draper/iStockphoto; p.11 Martin Haas/Shutterstock;
p.12 Gary Hincks/Science Photo Library; p.13 Fotolotti/Dreamstime; p.14 Ross Tuckerman/AFP/Getty
Images/Newscom; p.15 top: Zoran Ivanovich Photo/iStockphoto; p.15 bottom: EmiliaU/Shutterstock;
p.16 Cartesia; p.17 Matt Trommer/Shutterstock; p.18 GWImages/Shutterstock; p.19 Barbara Reddoch/
Dreamstime; p.20-21 Illustration by Joe Lertola/www.joelertola.com; p. 22 Zastol`skiy Victor Leonidovich/
Shutterstock; p.23 Sandra Cunningham/Shutterstock; back cover nautilus_shell_studio/iStockphoto

Basado en los escritos de *TIME For Kids.*

TIME For Kids y el logotipo de *TIME For Kids* son marcas registradas de TIME Inc.
Usado bajo licencia.

Teacher Created Materials

5301 Oceanus Drive
Huntington Beach, CA 92649-1030
http://www.tcmpub.com

ISBN 978-1-4333-4441-1

© 2012 Teacher Created Materials, Inc.
Made in China
Nordica.012018.CA21701269

Tabla de contenido

El poder del viento

¿Has jugado con un molinillo?
Entre más duro soplas, más rápido
gira.

Imagina que miles de personas soplaran un mismo molinillo. ¿Qué pasaría?

Todas esas personas
generarían un viento muy fuerte.

Sin embargo, incluso si soplaran con todas sus fuerzas, el viento que generarían no se aproximaría al poder de un tornado o de un huracán. Los **tornados** y **huracanes** son los vientos más poderosos que existen.

Tornados

¿Has visto cómo sale el agua por el desagüe? Forma un **remolino**.

¿Qué es?

Un remolino es ancho en la parte superior y angosto en la parte inferior. Está abierto en el centro. El agua de un remolino gira y desciende.

Un tornado se parece a un remolino, pero es mucho más grande y está formado por aire, no por agua.

Los tornados son poderosos.
Si has visto tornados en las
películas, sabes lo que pueden
hacer.

Son capaces de derrumbar grandes edificios. Pueden levantar automóviles y árboles y hacerlos volar como si fueran plumas.

Cómo se forman los tornados

Los tornados nacen de fuertes vientos, poderosas **nubes de tormenta**, aire caliente y aire frío.

tornado

Cuando las corrientes de aire caliente y frío chocan en una tormenta, pueden formar un remolino de aire. Si el remolino gira a suficiente velocidad, se convierte en tornado.

Los escombros son pedazos de tierra y objetos rotos y destruidos.

Un tornado desciende de una nube de tormenta, remolineándose como una serpiente gris y levantando **escombros** del suelo.

El tornado gira y salta por el suelo, siguiendo la trayectoria de la nube de tormenta.

¡Los vientos de un tornado pueden alcanzar casi 300 millas por hora!

Un tornado es capaz de destruir todo lo que hay en su camino. Es peligroso por la gran velocidad del viento.

15

Huracanes

América del Norte

Europa

Trópico de Cáncer

África

Ecuador

América del Sur

Trópico de Capricornio

Los trópicos son zonas cálidas cerca del ecuador de la Tierra.

Un huracán es una tormenta muy poderosa que nace en los océanos de los **trópicos**.

sia

Australia

No todos los huracanes se llaman huracanes. Los que se forman en el océano Pacífico se llaman tifones.

La palabra *huracán* proviene del nombre del dios caribeño de las tormentas y los espíritus malignos. Esto te dará una idea del terrible poder de un huracán.

Cómo se forman los huracanes

La mayoría de los huracanes nacen frente a la costa occidental de África.

Para que un huracán pueda formarse, necesita agua caliente, aire húmedo y fuertes vientos que provienen de distintas direcciones.

Cuando se forma una tormenta tropical, se le asigna un nombre (por ejemplo, tormenta tropical Celia). Si se convierte en huracán, conserva el mismo nombre.

Un huracán se forma en tres etapas. Primero, chocan nubes, lluvia y viento. Después, aumenta la velocidad del viento y se convierte en **tormenta tropical**. Por último, el viento se acelera a velocidades de 74 millas por hora o mayores. ¡Ya es un huracán!

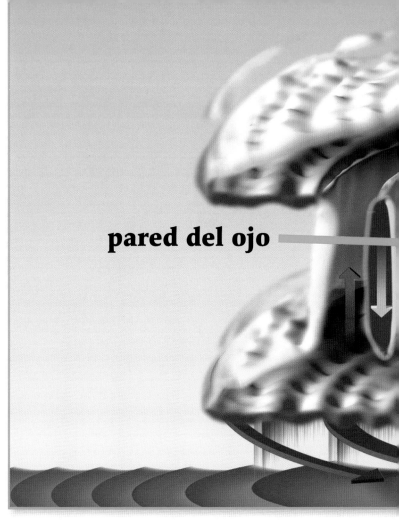

pared del ojo

Un huracán tiene tres partes.
El **ojo** es el centro, que está
en calma. Los rápidos vientos
alrededor del ojo forman la
pared del ojo.

ojo

bandas de lluvia

Por último, las **bandas de lluvia** se alejan del ojo y mantienen viva la tormenta.

Ya viene el sol

Los huracanes y tornados son muy poderosos. Sin embargo, a pesar de su gran fuerza, llega el momento en que desaparecen.

¡El sol siempre vuelve a salir!

Glosario

bandas de lluvia—las partes del huracán que lo mantienen vivo

escombros—los restos de objetos rotos y destruidos

huracán—una tormenta tropical formada por nubes remolineantes, lluvia y vientos de 120 kilómetros por hora o más rápidos

nube de tormenta—una nube de lluvia grande y poderosa

ojo—el centro traquillo del huracán

pared del ojo—una pared de nubes densas

remolino—un embudo de agua giratorio, con una abertura en el centro

tormenta tropical—una tormenta que se forma en las regiones oceánicas y terrestres cercanas al ecuador

tornado—una nube poderosa y remolineante que desciende a la tierra en forma de cono

trópicos—las zonas de tierra y agua cerca del ecuador